ESTUDIO ARMÓNICO
DEL LAÚD

CONTRALTO CUBANO

UNOSOTROS
MÚSICA

Erdwin Vichot Blanco

© 2020 Erdwin Vichot Blanco

Título: Estudio armónico del laúd: contralto cubano

Autor: Erdwin Vichot Blanco

ISBN 13: 978-1-950424-28-3

Edición: Dulce Sotolongo

Maquetación: Armando Nuviola

Diseño de cubierta: Armando Nuviola

UNOSOTROS

www.unosotrosediciones. com

infoeditorialunosotros@gmail.com

Hecho en USA 2020

AGRADECIMIENTOS

Este libro no hubiera sido posible sin las enseñanzas reci-bidas de mis maestros, Efraín Amador con quien aprendí toda la metodología del instrumento y me preparó peda-gógicamente para impartirlo, a Harold Gramatges, quien me enseñó armonía y contrapunto en el Centro Nacional de Superación de la Enseñanza Artística, Josefina Barreto profesora de piano, Elvira Fuentes profesora de teoría y solfeo, así también poetas e investigadores como Waldo Leyva y Alexis Díaz Pimienta, a cada uno de los tantos profesores de las escuelas de arte y luego otros, de la escuela de la calle, con quienes me he nutrido de sus experiencias, consejos y grandes enseñanzas aportando a mi formación profesional, a mis compañeros de trabajo y hasta de los alumnos porque enseñando también se aprende.

Durante mis estudios y mi carrera he tenido muchos refe-rentes como: Barbarito Torres, Pancho Amat, Leo Brouwer, entre otros, teniendo el gran placer y honor de actuar con ellos, sirviéndome de desarrollo como músico y persona. A ellos mi más sincero agradecimiento.

Observamos en las nuevas generaciones el interés por continuar la tradición de nuestra música campesina, pero escasean los maestros.

Ha sido un interés del Centro Iberoamericano de la Décima y el Verso Improvisado estimular el desarrollo de la música campesina entre niños y jóvenes como fieles continuadores de este patrimonio, pero consideramos que faltan materiales de apoyo a este empeño.

Introducción

Es común ver en antiguas láminas a personajes tocando el laúd al que se le atribuye un origen bíblico cuando se menciona que fue Lamed, hijo de Caín, hijo de Adán, quien inventó este instrumento, lo cierto es que los investigadores aún hoy no se ponen de acuerdo, en cuanto a su génesis, algunos plantean que surgió aproximadamente en el siglo III en el Asia menor, mientras otros consideran que su origen es árabe, que tiene un antecedente en el UD que significa, madera o vara flexible. Las laudes árabes dieron origen al europeo. UD es una versión arabizada del nombre persa *rud* que significa cuerda. *Luth* en francés, laute en alemán, *liuto* en italiano, luit en holandés y laúd en español. Lutier deriva de la palabra francesa luth y significa fabricante de instrumentos.

El laúd es un instrumento musical de cuerda parecido a la bandurria, pero de caja más grande y sonido menos agudo que ella. Existen hoy muchas variedades en el mundo, ejemplos: en Japón el Shamisén y el Biwa, laúd de arco y de cuatro cuerdas; en China el laúd Pipa en forma de pera; en la India; la Vinay el Sitar de cuello largo; en Mali, Gambia el Hora de dieciséis o veinte y una cuerdas; en Rusia la Balalaica, laúd triangular; el Banjo que se considera derivado del laúd africano; el Saz en Turquía; la Dombra de dos cuerdas de Kazajistán. También podemos mencionar la Tiorba, el laúd Tibetano, Arcilueto, Cetera, Pandura, Mandola, Salterio, Bandurria, Bandola, Laudino, entre otros.

El nombre del que se introduce en España, a través de las invasiones moras, es Thimphle, ya allí va adoptando una forma menos ovalada y más parecida a la de hoy en forma de ocho. También se introduce este instrumento en Europa a partir de Las Cruzadas. Durante el reinado de los Reyes Católicos, Salinas, el Maestro de capilla, le añade la quinta cuerda y, Vicente Espinel —quien estableció la forma estrófica actual de la décima— le agrega la sexta cuerda a comienzos del siglo XVII (conocida como bordón o espinela) dando origen a la guitarra.

Se sabe que a las Islas Canarias llegó, hasta transformarse en el timple. Este se exportaría a América y el Caribe también con la Conquista dando lugar, muchos años más tarde, a las versiones conocidas hoy en día en Sudamérica.

ÍNDICE

EL LAÚD EN CUBA

Para hablar del laúd en Cuba hay que remontarse al llamado descubrimiento de las Américas. Comenzar por mencionar que la primera villa fundada por el hijo de Colón en el Caribe fue en República Dominicana. Luego, en 1515, Diego Velázquez se estableció en Baracoa, la zona más oriental de Cuba y, pocos años después, al ver las posibilidades de la bahía de Santiago de Cuba, se traslada la capital hacia este lugar.

Los hijos de los españoles nacidos en esta tierra son enviados a estudiar a Europa, aún no hay identidad musical cubana y algunas melodías, acompañadas por instrumentos rústicos de percusión, como la conga de Los Hoyos y la del Tibolí, transitaban las calles, los músicos españoles, tras escucharlas, las reflejaron en partituras. En viajes posteriores, llegó el romance acompañado por la bandurria y el laúd español. Solo hay evidencias en pinturas de algunos caleseros que acompañaban a sus amos a tomar el té, los primeros se quedaban en los establos tocando un instrumento llamado tiple, que no es más que una derivación del timple canario y en la Isla se cubanizó quedando tiple, un instrumento ya desaparecido.

Con la guerra de 1895, algunos músicos emigran a República Dominicana, como es el caso de Sindo Garay, quien no regresa hasta principios del próximo siglo y se une con Pepe Sánchez y otros trovadores. Aunque decimos que el tres es un instrumento cubano, ya en Dominicana, en 1845, había evidencias de dicho instrumento con cuerdas

15

dobles, quizás imitando al laúd. Uno de los treceros, era de apellido Latamblé, lo que evidencia que no era cubano.

Cabe mencionar que algunos ritmos o géneros como la habanera, fueron compuestos por españoles como es el caso de la muy conocida «La Paloma», compuesta por un catalán que ni visitó la Isla. Del zapateo cubano, antiguo baile, nació el punto y con ello, la criolla y la guajira. Hay que mencionar también que de Francia tenemos la influencia de los troveros y nos llegó también la danza que en Cuba toma forma de contradanza, danzonete, hasta llegar al danzón, creado en Matanzas y considerado nuestro Baile Nacional. Debido a esta mezcla de ritmos, géneros y melodías, en Cuba a decir del sabio Fernando Ortiz, tenemos un gran ajiaco musical.

Hay un laúd cubano, tiene la misma apariencia que la versión en español solo que la afinación es diferente. Uno de los más importantes intérpretes del laúd cubano es Barbarito Torres, ha resultado magistral en todas sus presentaciones y, en especial, con el Buena Vista Social Club.

Por otra parte, hay que tener en cuenta, que a pesar de que el laúd se vincula con el campo, las tonadas y el punto y otras obras musicales como: guajiras, habaneras y criollas fueron escritas desde la ciudad. Es muy difícil que un campesino después de trabajar la tierra tenga las manos apropiadas para componer y tocar. Luego, el llamado punto guajiro no es una terminología musical, es lo propio del empirismo creativo y rural del género. Punto pudiera ser lo que crea la yema del dedo de la mano izquierda con la cuerda en el traste del diapasón del instrumento, o la punta de la púa (o plectro) de la mano derecha al puntear la cuerda. Las guajiras (obras musicales compuestas en compas binario) no son más que boleros con texto sobre el campo, a algunas décimas se les han puesto ritmos de son, changüí, nengón y sucu sucu. El acompañamiento musical del punto es en un compás de 6x8 o 3x4, sin embargo, cuando el repentista canta en punto libre, lo hace en 2x4.

Algunos libros mencionan que solo el laúd, cuando el poeta canta, hace melodías imitando la tonada, pero sabemos que dos melodías no se pueden cantar al mismo tiempo porque chocan y esto sucedía porque el laudista no sabía poner acordes ni armonía, además, hacer unísono, es lo más difícil de las voces.

Siempre se ha hablado en Cuba de las diferentes variantes del punto como estilo: espirituano, camagüeyano, pinareño, etcétera, y los géneros musicales no se definen por la melodía, sino por su célula rítmica, que en todas las tonadas es monótona y estable. La clave y la percusión mantienen el mismo figurado (ejecutan un 6x8) y el bajo y la guitarra en el mismo compás van acompañando (con tónica dominante y subdominante) primero, cuarto y quinto de la escala, en la cual también encontramos que solo ejecutan tonos naturales como do, re, sol y no existen ni sostenidos ni bemoles. Los intérpretes o repentistas cantan en do mayor, pero sabemos los músicos que cada persona tiene tesituras diferentes, por eso se ha simplificado tanto en el entorno musical y se ha reducido a tal punto por el desconocimiento técnico tanto para los ejecutantes como para los intérpretes, que han vivido en un mundo muy empírico sin conocimientos de dinámica, matices, afinación, interpretación, técnicas de respiración o colocación en la voz. En los instrumentistas es peor, pues hoy tiende a desaparecer el acompañamiento, lo que hace al laúd cada día un instrumento más deficitario. He aquí la importancia de este material.

Este tratado puede ayudar a las futuras generaciones y por qué no, a las actuales, a entender un poco más este instrumento que está prácticamente en extinción y muy deficitario en nuestro país y el mundo.

El instrumento existe para ser tocado, los limitados somos nosotros. Nunca antes ha tenido nadie las herramientas suficientes para su aprendizaje. En nuestras escuelas de arte existe gracias al destacado maestro Efraín Amador, un método, pero los programas a estudiar se basan en la música culta o clásica, por así llamarla y el país necesita rescatar nuestra identidad, nuestras raíces y desarrollarlas formando seguidores del género campesino y por eso es prudente recoger en un solo documento, información que le sirva didácticamente como herramienta de trabajo y estudio a los futuros laudistas.

A lo largo de mi vida artística, y en contacto con los más destacados músicos treseros, laudistas y poetas de la música popular cubana y, en especial de la música campesina, he tenido la oportunidad de comprobar los valores culturales del patrimonio de la música cubana.

Pero, lamentablemente, en la medida en que los más experimentados músicos de la música campesina, en especial, los laudistas van abandonando su quehacer ya por vejez, por enfermedad o por su desaparición física, observamos que lentamente se pone en peligro la tradición acumulada sobre la ejecución del laúd en el ámbito de la música campesina.

Instrucciones al maestro

Es importante antes de iniciar el trabajo con el libro, se instruya al estudiante del concepto de escalas, intervalos y de acordes, todo ello explicado a partir del propio instrumento.También recomendamos incluir algunos conceptos como síncopa, contratiempo, digitación, etcétera, como se verá más abajo.

Intervalos

Abordamos aquí los intervalos.

2daM 1 T. 3ram-1T, 1SD. 3ra M-2T. 6tam- 3T, 2SD. 6ta M-4T, 1SD. 7mam-4T, 2SD. 7maM-5T, 1SD

2da aumentada, 1 T y 1 SD, sinónimo de 3ra m y resuelve 4ta justa

3ra disminuida, 2 SD, sinónimo de 2da M resuelve unísono

4ta disminuida, 1 T y 2 SD, sinónimo de 3ra M y resuelve 3m
4ta aumentada, 2 T, 1SD Y 1 SC, sinónimo de 5ta disminuida y resuelve 6ta M o m
5ta disminuida, 2 T, 1 SD Y 1 SC, sinónimo de 4ta aumentada y resuelve 3ra M o m
5ta aumentada, 3 T, 1 SD Y 1 SC, sinónimo de 6ta m y resuelve 6ta M

6ta aumentada, 4 T 1 SD Y 1 SC, sinónimo de 7m y resuelve 8va justa

7ma disminuida, 3 T Y 3 SD, sinónimo de 6ta M y resuelve 5ta justa

Escalas

Abordamos aquí brevemente las escalas.

Escalas mayores, constan de semitono del 3ro al 4to y de semitono del 7mo al 8vo.

Escalas menores, constan de semitono del 2do al 3ro y 5to al 6to.

Menores armónicas, semitono del 2do al 3ro, semitono del 5to al 6to y semitono del 7mo al 8vo.

Escalas pentáfonas. Consta solamente de cinco sonidos y se construye por tonos.

DO-RE-MI- FA#-SOL#-LA#-DO
RE-MI-FA#-SOL#-LA#-DO

Escalas hexáfonas. Escala por tonos enteros y una 3ra disminuida en cualquier lugar.

Modales

Dórico, se construye sobre el segundo grado de la escala mayor.

Frigio, se construye sobre el tercer grado de una escala mayor.

Lidio, se construye sobre el cuarto grado de una escala mayor.

Mixolidio, se construye sobre el quinto grado de la escala mayor.

Eolio se construye sobre el sexto grado de la escala mayor.

Locrio se construye sobre el séptimo grado de la escala mayo.

Jónico se construye sobre el primer grado de la escala mayor.

Acorde de 7ma semi disminuido. 3ra m, 5ta dism y 7ma m.
Acorde de 7ma disminuida. 3ra m, 5ta dism y 7ma dism.

Sincopa. Desplazamiento del sonido de un tiempo débil o de la parte débil de un tiempo hacia el tiempo fuerte o parte fuerte del tiempo. O sea cuando va de un tiempo débil al fuerte. Contratiempo. Cuando el sonido esta después del tiempo fuerte acompañado este por un silencio.

Digitación

```
1234- 4321    1342-2431
14243424          1423-3241
14342434          1243-3421
13243124-42312431
14213413-42134123
12421432-42134123
```

Grados fundamentales

1ro 4to y 5to

C	F	G
D	G	A
E	A	B
F	Bb	C
G	C	D
A	D	E
B	E	F#

DO RE MI FA SOL LA SI

C   D   E   F   G   A B

Do - c - do mayor
Do7 - c7 - do séptima
Do m - c m - do menor
Do m7 - c m7 - do menor séptima
Do 7M - c 7M - do séptima mayor
Do sus4 - c sus 4 - do con la cuarta suspendida
Do 6 - c 6 - do sexta

Do m 6 - c m 6 - do menorsexta

Do 7 9 - c 7 9 - do séptima novena

Do m 7 9 - c m 7 9 - do menor séptima novena

Do 7 M 9 - c M 7 9 - do séptima mayor novena

Do 6 9 - c 6 9 - do sexta novena

Do m 7M - c m 7M - do menor séptima mayor

Do 5 + - C 5 + - do quinta aumentada

Do dis - C dis - do disminuido

Recomendaciones

Sobre la afinación

Antes de tocar se debe comprobar la afinación de cada cuerda respecto a las demás y entre sus trastes. Comenzamos nuestras recomendaciones con este asunto, porque sin afinación no merece la pena tocar un instrumento, así de claro: un instrumento que no afina bien NO DEBE TOCARSE PORQUE SE PRODUCE MÚSICA SIN CALIDAD ARTÍSTICA.

Otro asunto importante es el de la dureza de la cuerda, porque es lo que permite al laudista sacar más o menos limpios los sonidos, tanto de notas individuales como trinos, trémolos y apoyaturas y tener o no velocidad en la ejecución de pasajes difíciles por el ritmo/tempo o simplemente por la digitación exigida.[1]

La comprobación debe realizarse, ENTRE CUERDAS CONTIGUAS, por quintas: El quinto traste, por ejemplo, de la tercera tiene que sonar exactamente igual que la segunda cuerda al aire, y así con las demás, ENTRE TRASTES DENTRO DE LA MISMA CUERDA. La comprobación de la afinación es extraordinariamente sencilla:

Simplemente basta utilizar uno de los muchos Afinadores que hay en el mercado. Hay quien todavía usa su buen oído.

---

[1] Cuando hablo de dureza me refiero al calibre de la cuerda. Se explica en la nota 2.

Pero, ¿qué sucede si no tenemos Afinador a mano?

SI NO TENEMOS NADA, NI AFINADOR, también es muy sencillo comprobar al menos DOS O TRES posiciones de afinación que son un índice esencial acerca de la calidad del instrumento que estamos tocando. Afinación de la cuerda al aire y su octava (pisando el traste nº 12).

Soy un laudista muy rápido en ejecución; sin embargo, cuando toco mi laúd eléctrico al no necesitar «fuerza» exagerada ni para pisar los trastes, ni para hacer sonar el instrumento, ya que el instrumento no suena armónicamente sino electrificado, puedo ejecutar los pasajes más rápidos limpiamente y a la primera, mientras que con el laúd normal requiere mucho ensayo previo de escalas para «adquirir fuerza» en los dedos, fuerza que ha de ser compatible con la velocidad.

De modo que, UN LAÚD QUE NO AFINA POR QUINTAS NI POR SÉPTIMAS HAY QUE DESECHARLO SIN MÁS.

Sobre el cambio de las cuerdas

Recordemos cambiar las cuerdas tan pronto han perdido la homogeneidad de su sección cilíndrica, aun cuando solo sea en un punto, todavía más cuando «se ven» perfectamente las huellas del uso sin mayor análisis.

Tan pronto se pierde la homogeneidad a lo largo de una cuerda, el sonido se hace más opaco, menos brillante y se inicia un imperceptible «ceceo» que perjudica la ejecución de cada cuerda.

Por otra parte, las cuerdas del laúd son dobles lo que hace más exigente este cuidado: es inadmisible tener una cuerda nueva, por ejemplo, y otra con cierto grado de uso en el mismo orden.

La cuerda vibra desde el clavijero hasta el cordal. Se trata de «atar» una cuerda, no de ahorcarla.

Las cuerdas deben mantenerse siempre homogéneas y limpias de suciedad, procediendo a cambiar LAS DOS tan pronto se aprecien señales de deterioro físico y/o sonoro en una de ellas.

En el estuche conviene taparlas con un paño adosado encima del diapasón para evitar su oxidación, vigilando de manera especial los enganches en clavijero y cordal y las rozaduras sobre los trastes.

Conocemos que en la pulsación, además de la altura a la que se encuentra la cuerda respecto al diapasón, cuanto más gruesa es la cuerda más «dura» es de pulsar, por lo que parece evidente que en la Prima hay que buscar la cuerda más fina compatible con la «resistencia a su destemple» y naturalmente a su posible rotura por un impacto irregular de la púa.[2]

Los armónicos son, a su vez, los que generan el timbre característico de una fuente de sonido, ya sea una voz humana, un instrumento musical, un ruido, etcétera. Son los que permiten diferenciar un tipo de instrumento de otro, o reconocer el timbre de la voz de una persona. La música tiene un «cierto sentido en la ejecución» que, si se altera, se altera el sonido. Estamos hablando de «finuras» que realmente cuesta apreciar por la mayoría de los oídos.

---

[2] Por ejemplo: hay cuerdas 0.9, estas son más finas y por lo tanto más blandas y ofrecen menos resistencia. Ahora bien las cuerdas número 0.12, son más gruesas y ofrecen más resistencia, por lo tanto el sonido sale más brillante. Tanto en el laúd como en el tres se debe usar en la prima, la cuerda número 0.12. En la segunda cuerda, uso 0.14 o 0.16; en la tercera 0.22 o 0.23; en la cuarta 0.24 o 0.26; en la quinta 0.32 y en la sexta 0. 42. Y mientras más grave, podemos usar 0.45 hasta 0.46 porque son las cuerdas que mejor reproducen los sonidos graves. También es necesario recordar que cuando se cambia una cuerda, se deben cambiar las demás.

Sobre el uso de la púa por la mano derecha

Si las cuerdas son esenciales para un buen sonido, la púa, plectro como suele decirse hoy y los trastes son los artífices de ese sonido y de su calidad. Naturalmente son las manos las que manejan ambos.

La mano derecha es la mano básica de todo intérprete de instrumentos de cuerda, sea frotada, tañida con plectro o con los dedos. Sin una buena mano derecha no hay posibilidad alguna de llegar a ser un virtuoso de un instrumento de este tipo. Y es curioso esto, porque en general muchos piensan que la dificultad estriba en los dedos de la mano izquierda, pero no es así. Cuando se toca un instrumento, el cerebro envía instrucciones sobre la nota que se va a tocar, a la vez, a ambas manos y estas, al unísono, dirigen el dedo y la púa al traste y cuerda correspondiente a dicha nota, junto con sus atributos moduladores: tipo de percusión, intensidad, timbre. De manera que *mientras la mano izquierda transmite al dedo una instrucción y poco más, la mano derecha transmite a la púa, al menos, cinco instrucciones.*

Por lo expuesto anteriormente, se comprende que es muy importante aprender a manejar esta mano de forma segura. La mano está unida a la muñeca y esta al antebrazo, que es el que se apoya en el borde superior del aro a una distancia del codo que oscila en función de la estatura del intérprete y del sonido que se quiera sacar al instrumento. Según las diferentes escuelas y épocas hay intérpretes que forman un «arco, tercio inferior antebrazo-muñeca-mano, cayendo mano y púa casi perpendicular a la tapa armónica, agarrando la púa con el «puño cerrado» entre la yema del dedo pulgar y la unión de la segunda con la tercera falange del dedo índice. Presenta cierta dificultad al principio, pero con la práctica se domina perfectamente.

Hoy, sin embargo, parece haber un cierto predominio de la mano algo abierta para agarrar la púa y, en general, se coloca la mano «plana» y paralela a la tapa armónica, siempre hay una cierta curvatura muñeca-mano. La mano apenas se eleva sobre la tapa y cuerdas lo necesario para no rozarlas; por ello *es muy importante no apoyar más que el antebrazo en el borde de la cenefa de la tapa armónica.*

Para quienes estamos acostumbrados a tocar con la «mano plana» es difícil tañer alternativamente con la posición «arqueada» porque al elevar la muñeca sobre la tapa entre 5 y 9 centímetros cambia absolutamente el punto de giro y perdemos el control sobre la púa, sobre todo en los trémolos. Se debe agarrar el instrumento en la manera que resulte más cómoda.

También influye en esto la estatura del intérprete, porque a ella está ligada la longitud de brazo, antebrazo, muñeca, mano y dedos. La mano derecha debe colocarse de forma que no toque la tapa armónica nada más que en el borde superior del aro, a una altura en línea con el puente y con una posición que le resulte cómoda al instrumentista en función de su estatura. Con una púa dura, la modulación de la intensidad del golpeo sobre la cuerda se hace casi exclusivamente variando la intensidad de golpeo de la mano y la penetración de la púa entre las dos cuerdas, intensidad que es bastante más difícil de regular si no se practica mucho, mucho. La púa influye poco en esta modulación.

Si se usa mucho el tremolado y las modulaciones de sonido en una misma nota sostenida en el tiempo la púa blanda, al «doblarse» sobre las cuerdas al pasar por encima de ellas, produce un sonido más suave, mucho menos seco que el de una púa dura.

Por otra parte, la púa blanda «perdona» mejor los errores de «medida» e «intensidad» en el trémolo que la dura. Cuando se tremola para conseguir prolongar el sonido como si fuera continuo, (no hablo del trémolo corriente), la púa debe golpear las cuerdas a la menor distancia posible de su punta, casi rozándolas exclusivamente. No es posible conseguirlo si la púa golpea, por ejemplo, a 5 milímetros de su punta, por decir una cifra, ya que el tremolado continuo requiere una secuencia en milisegundos mínima y cuanto más «púa se mete» hacia abajo más tiempo necesita para volver a tañer hacia arriba y en consecuencia a más velocidad tiene que mover la mano el instrumentista. La púa golpea la cuerda superior y pasa sobre ella y sobre la cuerda inferior, que están separadas unos 3 milímetros, para «caer» por debajo de la cuerda inferior y volver a realizar el mismo trabajo en sentido inverso.

El recorrido mínimo correspondería a «rozar» las cuerdas con la púa, con lo que el recorrido por trémolo, púa más alza púa, sería de 6 milímetros o 6,5 milímetros, que daría un total de unos 5 centímetros a recorrer en un segundo, reto asequible. Si, además, la púa es flexible, la fuerza que deben ejercer los dedos se reduce y la velocidad de ejecución aumenta un poquito. Esta última observación es importante: no todos los instrumentistas tienen la misma fuerza y agilidad en la muñeca para manejar los dedos que sostienen, apretándola, la púa. Un instrumentista «débil» de muñeca debería elegir siempre una púa blanda. Quien tiene fuerza en su muñeca derecha, puede tañer con púa dura sin problemas.

La púa debe agarrarse de forma que el instrumentista se sienta cómodo y «no se le escape». Normalmente entre la yema del dedo pulgar y la primera falange del dedo índice, o la articulación entre la primera y segunda falange, según la longitud de los dedos de la mano con el resto del puño semiabierto, en mi opinión, o cerrado, según algunos expertos de la enseñanza. La diferencia estriba en el menor o mayor equilibrio de la mano derecha a la hora de tremolar, principalmente, en lo que también influye «el nervio» del intérprete.

Adentrándonos algo más en la técnica, el «ataque» se puede hacer en la posición natural de la púa según se agarra con los dedos, que es más o menos perpendicular a la tapa armónica, y entonces se dice una pulsación o golpe en «tirado». La púa golpea primero en la cuerda superior y posteriormente en la inferior, si el instrumentista o la partitura así lo exigen. El golpeo es, en general, más seco y hay que medir muy bien la parte de púa que queda, al golpear, por debajo de las cuerdas, que debe ser lo menor posible para facilitar la ejecución.

Pero también se pueden atacar las cuerdas con la púa inclinada unos 45 grados hacia la tapa armónica, logrando un golpe más suave y deslizante sobre las cuerdas, denominándose entonces un golpeo en «apoyado» Alza púa y contra púa constituyen una articulación doble. La combinación del alza púa y púa directa constituye una articulación triple, que se suele emplear en compases ternarios.

El dominio del alza púa es esencial para manejar bien un laúd e imprescindible para la ejecución de los pasajes de velocidad, y requiere la práctica, cada día, de ejercicios adecuados. Para dominar el alza púa no hay más remedio que practicar ejercicios diariamente, como ya hemos dicho, y realizar escalas de todo tipo, a diferente velocidad.

Como sabemos el trémolo consiste en golpear continuamente, rozando las cuerdas, no penetrando en ellas para evitar lo explicado anteriormente al hablar del grosor o dureza de las púas con la púa, hacia abajo y hacia arriba alternativamente. La púa debe atacar las cuerdas paralela a ellas y el movimiento debe ser lo más continuo y regular posible. El trémolo en la actualidad se efectúa moviendo como una unidad brazo-muñeca-mano. Este conjunto se desplaza púa hacia abajo púa hacia arriba sucesivamente y a una determinada velocidad en función del tipo de trémolo que se quiera conseguir.

También se puede ejecutar el trémolo «girando» el conjunto brazo-muñeca-mano, en lugar de «desplazarlo», pero esto no es lo académico, aunque hay excelentes intérpretes en este estilo que produce unos trémolos preciosos. Aunque normalmente el trémolo se ejecuta en un solo «orden» también se puede realizar en varias cuerdas a la vez, para lo que se requiere dejar libre al máximo la punta de la púa y mover más el antebrazo, tendencia que surge inmediatamente cuando el laudista lo intenta realizar, ya que el atacar varias cuerdas a la vez exige movimientos de mano-muñeca-antebrazo mucho más largos. Se puede tremolar de maravilla sin apoyar la mano, pero hay que tener unas excelentes condiciones en la mano derecha para ello.

El trémolo pretende hacer que el sonido de una nota sea continuo, no intermitente, para lo que es necesaria la máxima velocidad y regularidad en el alza púa. La púa tiene que volar sobre las cuerdas y, sobre todo, ejercicios de notas separadas entre sí por varias cuerdas, porque los dedos que manejan la púa tienen que dominar, sin pensarlo ni mirar a las cuerdas, la distancia que hay entre cada una de ellas. Es impensable, en pasajes rápidos, mirar donde hay que colocar el dedo de la mano izquierda a la vez que la púa se dirige a pulsarla y esto se complica mucho cuando la secuencia de notas supone saltar más de un orden, hacia arriba o hacia abajo.

Y por último, considero que la muñeca va a jugar el papel fundamental para un sonido masculino en el instrumento especialmente en la música campesina.

Sobre la conservación del instrumento

El laúd debe conservarse siempre en su estuche, sea de cuero, madera o de otro material forrado de fieltro, o paño similar, en su interior para mantener temperatura y humedad constantes de la forma más continuada posible Y encima de las cuerdas, tapándolas y protegiéndolas, un pañito de fieltro, porque las cuerdas sobre todo las de alma de acero, se oxidan.

Si no se va a usar durante mucho tiempo, se debe destemplar razonablemente las cuerdas, porque estamos hablando de algo muy serio: instrumentos musicales y no de juguetes. El cambio constante de ambiente desbarata un instrumento que está sometido en su integridad a la tensión de sus cuerdas. El instrumento no hace al laudista pero lo «conforma», así que hay que aplicarse y mucho. Porque desde luego lo que no consigue el instrumento es que tú seas o no un buen laudista.

	D	F#	B	E	A	D
E♭	G	C	F	B♭	E♭	
E	G#	C#	F#	B	E	
F	A	D	G	C	F	
F#	A#	D#	G#	C#	F#	
G — 5ᵀᴼ Traste	B	E	A	D	G	
A♭	C	F	B♭	E♭	A♭	
A — 7ᵀᴼ Traste	C#	F#	B	E	A	
B♭	D	G	C	F	B♭	
B — 9ᵀᴼ Traste	D#	G#	C#	F#	B	
C	E	A	D	G	C	
D♭	F	B♭	E♭	A♭	D♭	
D — 12ᵀᴼ Traste	F#	B	E	A	D	
E♭	G	C	F	B♭	E♭	
E	G#	C#	F#	B	E	
F	A	D	G	C	F	

Enunciado del acorde

El enunciado de la parte superior hace referencia a como está constituido armónicamente el acorde, reseñando la primera, tercera, quinta y añadiendo la sexta, séptima y novena cuando lo requiera. El enunciado del margen vertical izquierdo hace mención al cifrado más usual. Las líneas verticales de cada diagrama corresponden a las cuerdas del instrumento, la primera de la derecha es la primera cuerda RE agudo y la primera de la izquierda es la sexta grave RE, la línea horizontal de trazo en negrita que aparece en la parte superior del, diagrama, indica la cejuela del instrumento o huesillo superior. Los trastes se indican mediante líneas horizontales. Cuando aparece un triángulo y en el interior un número, esto hace referencia al número del traste en que se sitúa el acorde a partir de la cuerda más grave del instrumento. Los dedos de la mano izquierda están numerados 1234 e indican la digitación en el diagrama.

Nota. Encontraran 552 posiciones armónicas para el laúd

Posiciones

C

C

Do	Mi	Sol
C	**E**	**G**
1ra	3ra	5ta

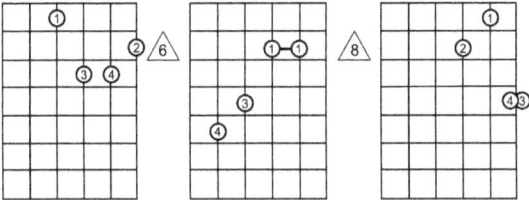

C⁷

C   E   G   Bᵇ

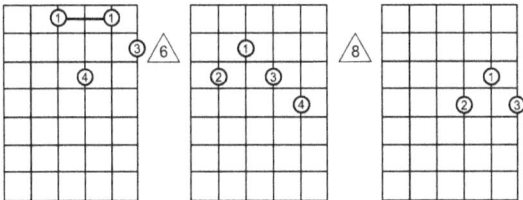

Cm

C   Eᵇ   G

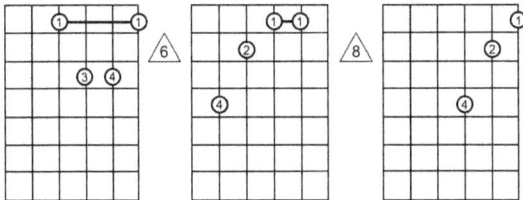

37

Cm⁷   **C**   **E♭**   **G**   **B♭**

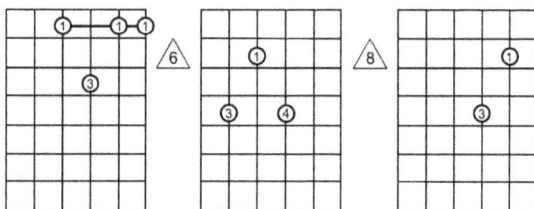

C⁷ᴹ   **C**   **E**   **G**   **B**

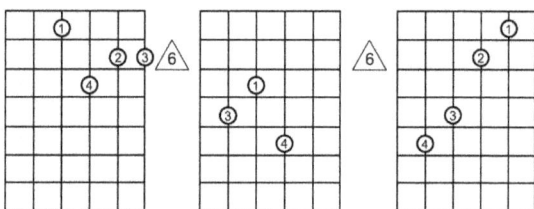

Cˢᵘˢ⁴   **C**   **F**   **G**

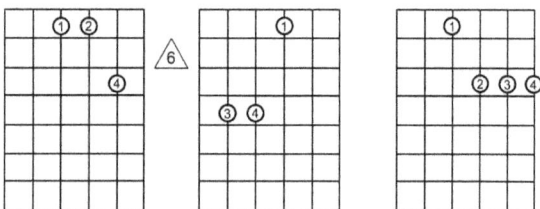

C⁶

$$C \quad E \quad G \quad A$$

Cm⁶

$$C \quad E^b \quad G \quad A$$

C⁷⁽⁹⁾

$$C \quad E \quad G \quad B^b \quad D$$

39

$$C^{7(9)}$$

C E♭ G B♭ D

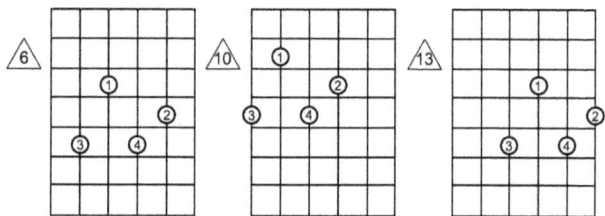

$$C^{7M(9)}$$

C E G B D

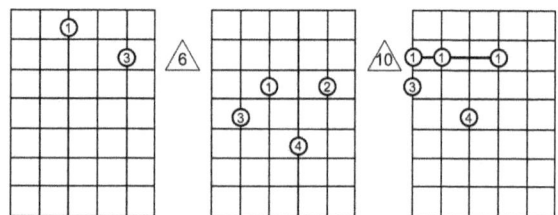

$$C^{6(9)}$$

C E G A D

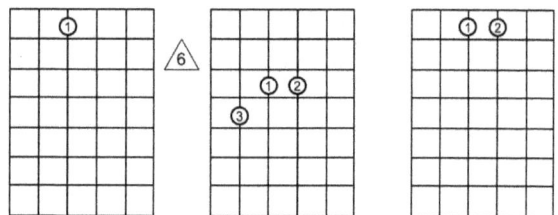

Cm^{7M} C E^b G   B

C^{5+} C   E $G^\#$

C^{dis} C E^b G^b B^{bb}

D♭

D♭ F A♭
Re♭ Fa La♭

D♭7

D♭ F A♭ C♭

D♭m

D♭ F♭ A♭

$D^b m^7$

D^b F^b A^b C^b

$D^b 7^M$

D^b F A^b C

$D^b sus^4$

D^b G^b A^b

43

D^{b6}

D^b F A^b B^b

D^bm^6

D^b F^b A^b B^b

$D^b7^{(9)}$

D^b F A^b C^b E^b

44

$\mathbf{D}^b\mathbf{m}^{7(9)}$

$\mathbf{D}^b \quad \mathbf{F}^b \quad \mathbf{A}^b \quad \mathbf{C}^b \quad \mathbf{E}^b$

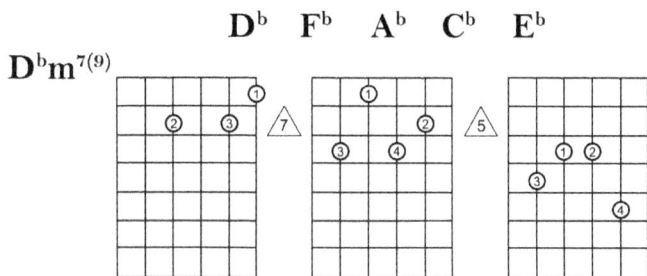

$\mathbf{D}^b\mathbf{7}^{M(9)}$

$\mathbf{D}^b \quad \mathbf{F} \quad \mathbf{A}^b \quad \mathbf{C} \quad \mathbf{E}^b$

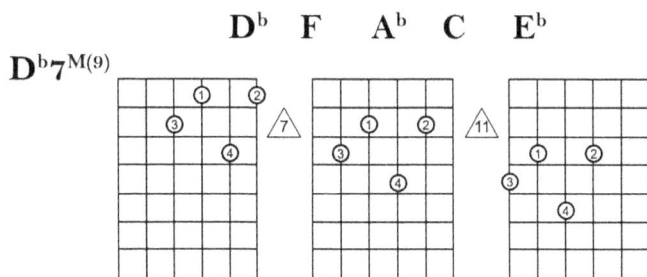

$\mathbf{D}^b\mathbf{6}^{(9)}$

$\mathbf{D}^b \quad \mathbf{F} \quad \mathbf{A}^b \quad \mathbf{B}^b \quad \mathbf{E}^b$

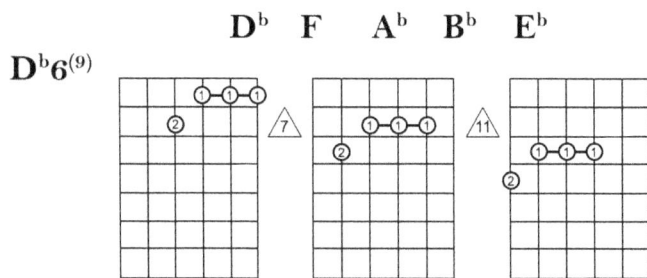

45

$D^b m^{7M}$

$$D^b \quad F^b \quad A^b \quad C$$

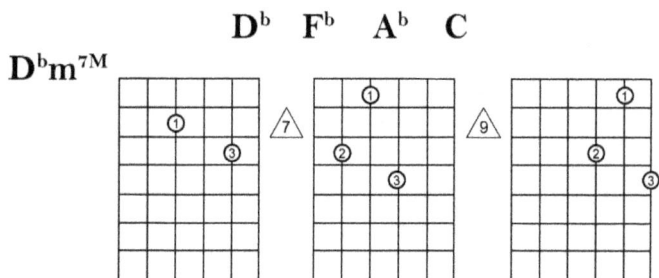

$D^b 5+$

$$D^b \quad F \quad A$$

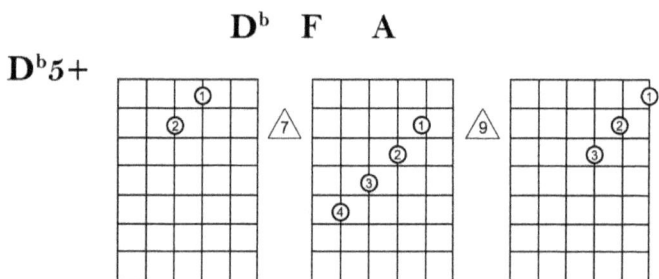

$D^b dis$

$$D^b \quad F^b \quad A^{bb} \quad C^{bb}$$

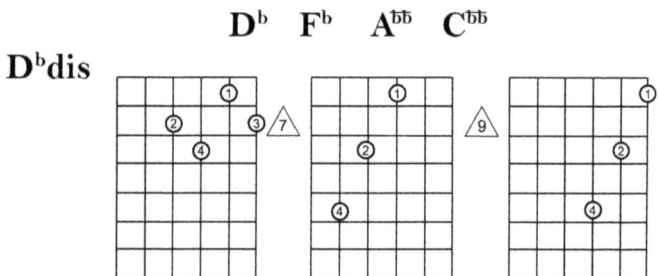

D

D   F#   A

D⁷

D   F#   A   C

Dm

D   F   A

D F A C

Dm⁷

D F# A C#

D⁷ᴹ

D G A

Dsus⁴

D⁶

D   F#   A   B

Dm⁶

D   F   A   B

D⁷⁽⁹⁾

D   F#   A   C   E

49

Dm$^{7(9)}$

| D | F | A | C | E |

D$^{7M(9)}$

| D | F$^\#$ | A | C$^\#$ | E |

D$^{6(9)}$

| D | F$^\#$ | A | B | E |

Dm⁷ᴹ $\quad$ **D** $\quad$ **F** $\quad$ **A** $\quad$ **C**#

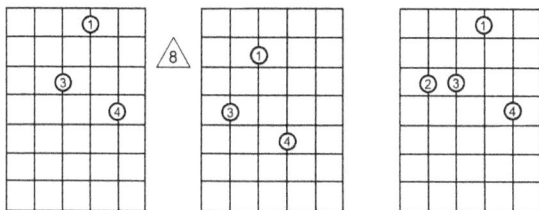

D⁵⁺ $\quad$ **D** $\quad$ **F**# $\quad$ **A**#

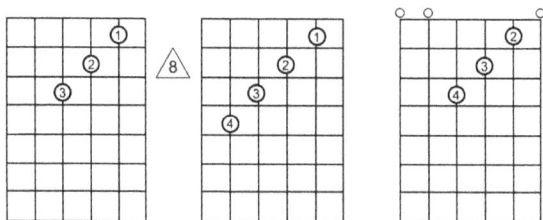

Dᵈⁱˢ $\quad$ **D** $\quad$ **F** $\quad$ **A**ᵇ $\quad$ **C**ᵇ

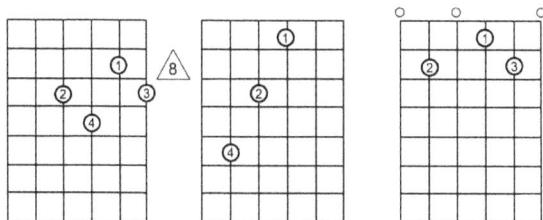

E^b

E^b G B^b

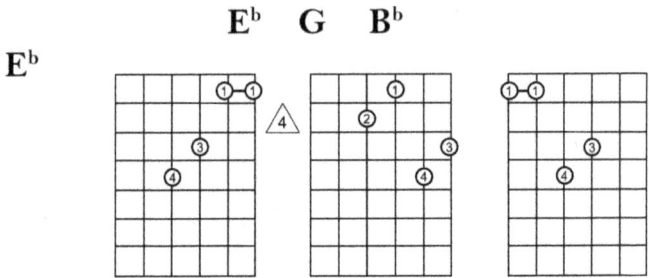

E^{b7}

E^b G B^b D^b

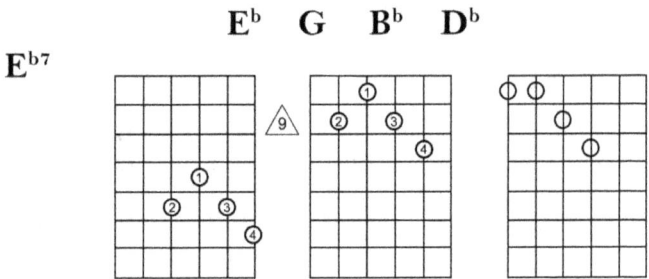

E^bm

E^b G^b B^b

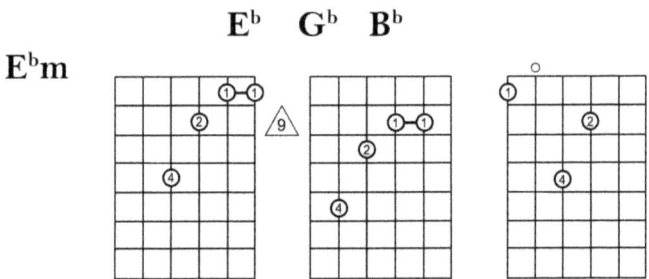

E♭m⁷

$$E^b \quad G^b \quad B^b \quad D^b$$

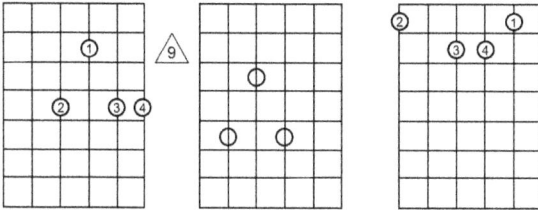

E♭7ᵐ

$$E^b \quad G \quad B^b \quad D$$

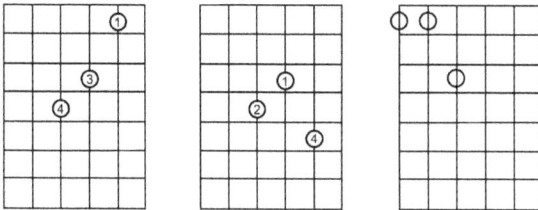

E♭sus⁴

$$E^b \quad A \quad B$$

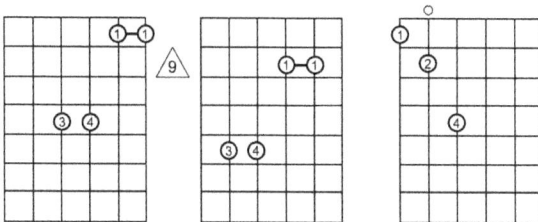

E♭6

| E♭ | G | B♭ | C |

E♭m⁶

| E♭ | G♭ | B♭ | C |

E♭7⁽⁹⁾

| E♭ | G | B♭ | D | F |

$\mathbf{E}^b\mathbf{m}^{7(9)}$

$\mathbf{E}^b \quad \mathbf{G}^b \quad \mathbf{B}^b \quad \mathbf{D}^b \quad \mathbf{F}$

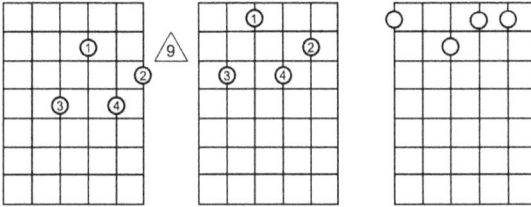

$\mathbf{E}^b\mathbf{7}^{M(9)}$

$\mathbf{E}^b \quad \mathbf{G} \quad \mathbf{B}^b \quad \mathbf{D} \quad \mathbf{F}$

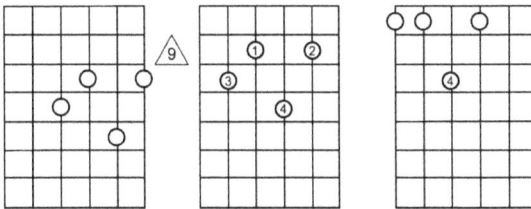

$\mathbf{E}^{b6(9)}$

$\mathbf{E}^b \quad \mathbf{G} \quad \mathbf{B}^b \quad \mathbf{C} \quad \mathbf{F}$

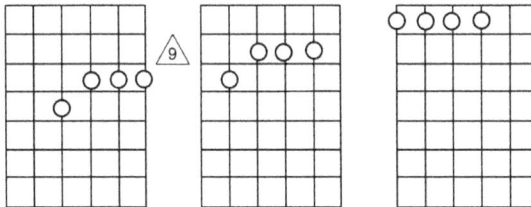

$E^b m^{7M}$

E^b G^b B^b D

E^{b5+}

E^b G B

$E^b dis^m$

E^b G^b B^{bb} D^{bb}

56

E

E   G# B

E7

E   G# B   D

Em

E   G   B

57

Em⁷

E   G   B   D

E⁷ᴹ

E   G♯   B   D♯

Esus⁴

E   A   B

58

E⁶

E^6

| E | G# | B | C# |

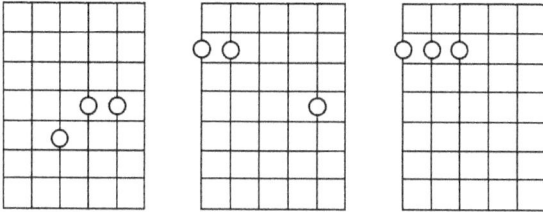

Em⁶

Em^6

| E | G | B | C# |

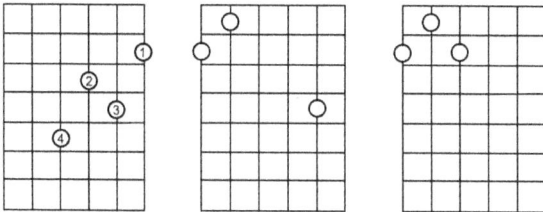

E⁷⁽⁹⁾

$E^{7(9)}$

| E | G# | B | D | F# |

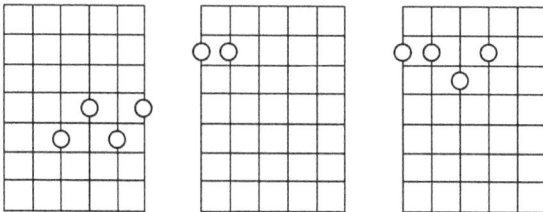

Em$^{7(9)}$

E G B D F$^\#$

E$^{7M(9)}$

E G$^\#$ B D$^\#$ F$^\#$

E$^{6(9)}$

E G$^\#$ B C$^\#$ F$^\#$

Em^{7M}

E G B D#

E⁵⁺

E G# B#

Edis

E G B♭ D♭

61

F

F   **A**   **C**

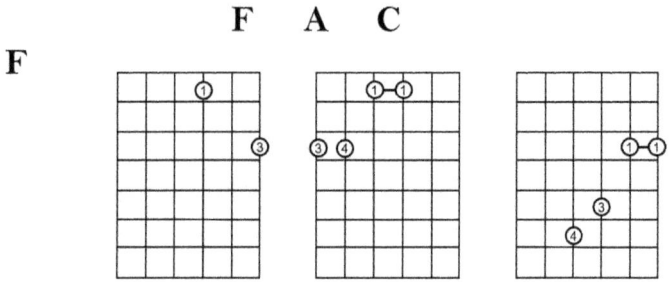

F⁷

F   **A**   **C**   **E**ᵇ

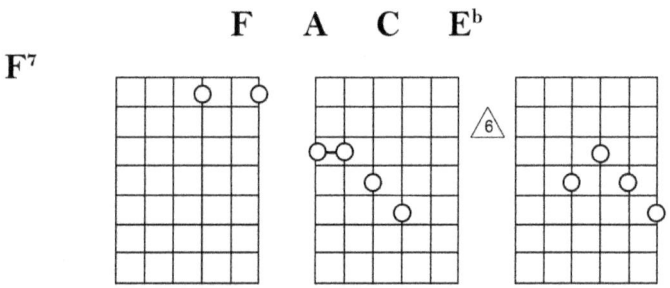

Fm

F   **A**ᵇ   **C**

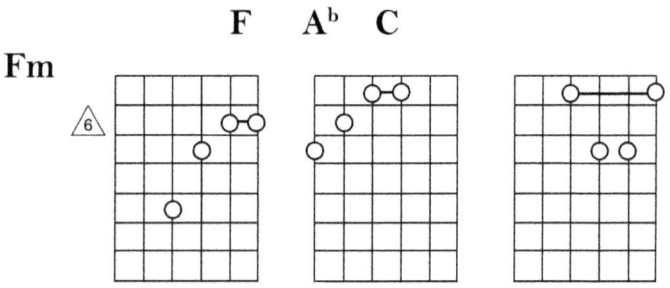

Fm⁷

$$Fm^7$$

F   A♭   C   E♭

F⁷ᴹ

$$F^{7M}$$

F   A   C   E

Fsus⁴

$$Fsus^4$$

F   B♭   C

F⁶

F   A   C   D

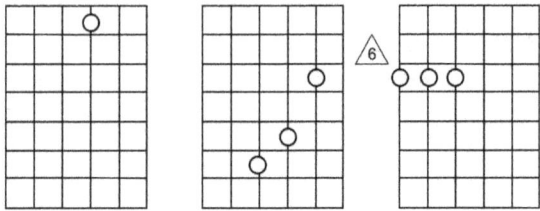

Fm⁶

F   A♭   C   D

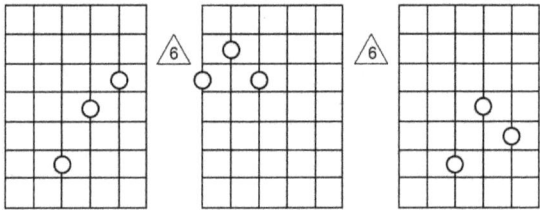

F⁷⁽⁹⁾

F   A   C   E♭   G

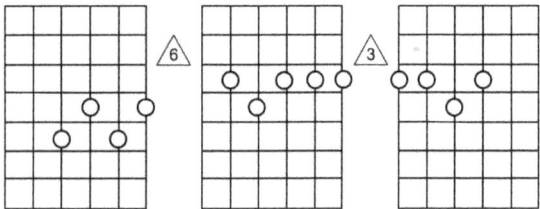

Fm$^{7(9)}$

F A^b C E^b G

F$^{7M(9)}$

F A C E D

F$^{6(9)}$

F A C D G

$$Fm^{7M}$$

F   A$^\flat$ C   E

$$F^{5+}$$

F   A   C$^\#$

$$F^0$$

F   A$^\flat$ C$^\flat$ E$^{\flat\flat}$

F#

F# **A#** **C#**

F⁷#

F# **A#** **C#** **E**

F#m

F# **A** **C#**

$F^\#m^7$

$F^\#$ A $C^\#$ E

$F^\#7^M$

$F^\#$ $A^\#$ $C^\#$ $E^\#$

$F^\#sus^4$

$F^\#$ B $C^\#$

F$^{\#6}$

$F^\#$ $A^\#$ $C^\#$ $D^\#$

F$^\#$**m**^{6}

$F^\#$ $A^\flat$ $C^\#$ $D^\#$

F$^\#$**7**$^{(9)}$

$F^\#$ $B^\#$ $C^\#$ E $G^\#$

$F^\#m^{7(9)}$ $F^\#$ A $C^\#$ E $G^\#$

$F^\#7^{M(9)}$ $F^\#$ $A^\#$ $C^\#$ $E^\#$ $G^\#$

$F^\#6^{(9)}$ $F^\#$ $A^\#$ $C^\#$ $D^\#$ $G^\#$

70

$$\textbf{F}^{\#}\text{m}^{7M}$$

$$\textbf{F}^{\#} \quad \textbf{A} \quad \textbf{C}^{\#} \quad \textbf{E}^{\#}$$

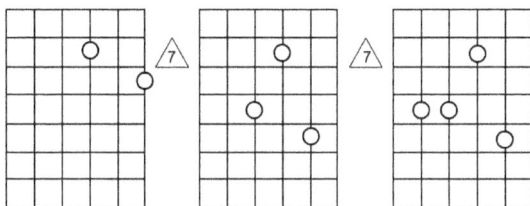

$$\textbf{F}^{\#5+}$$

$$\textbf{F}^{\#} \quad \textbf{A}^{\#} \quad \textbf{C}^{\#\#}$$

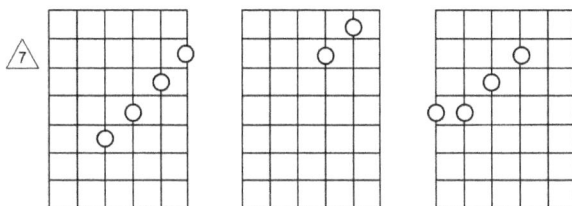

$$\textbf{F}^{\#0}$$

$$\textbf{F}^{\#} \quad \textbf{A} \quad \textbf{C}^{\natural} \quad \textbf{E}^{b}$$

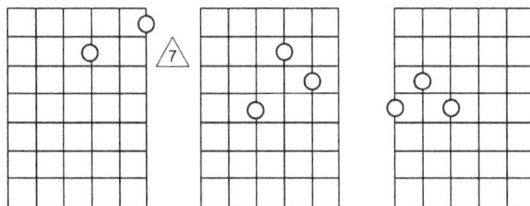

G G B D

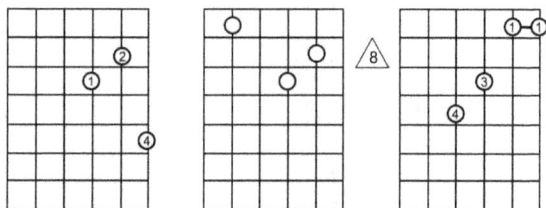

G⁷ G B D F♮

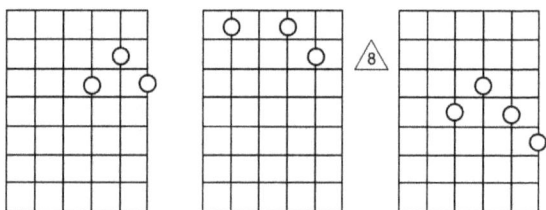

Gm G B♭ D

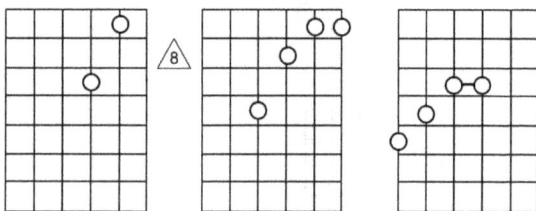

72

Gm⁷ G B♭ D F

G⁷ᴹ G B D F♯

Gsus⁴ G C D

G⁶

G   B   D   E

Gm⁶

G   B♭   D   E

G⁷⁽⁹⁾

G   B   D   F♯   A

Gm$^{7(9)}$ **G   B**$^\flat$ **D   F   A**

G$^{7M(9)}$ **G   B   D   F**$^\#$ **A**

G$^{6(9)}$ **G   B   D   E   A**

Gm^{7M}

G B^b D $F^\#$

G^{5+}

G B $D^\#$

G^{dis}

G B^b D^b F^{bb}

A♭M

A♭   C   B♭

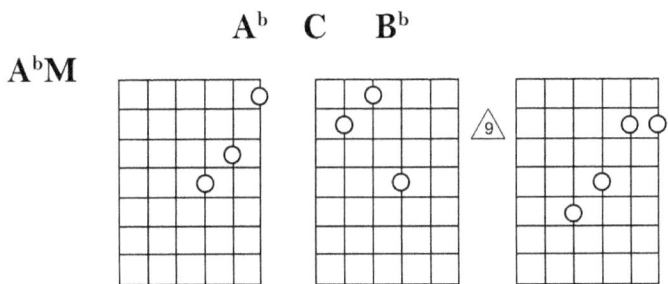

A♭7

A♭   C   E♭   G♭

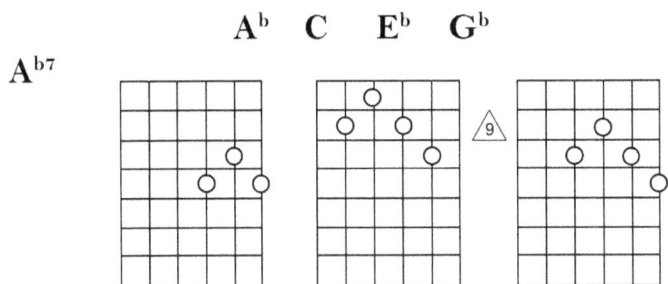

A♭m

A♭   C♭   E♭

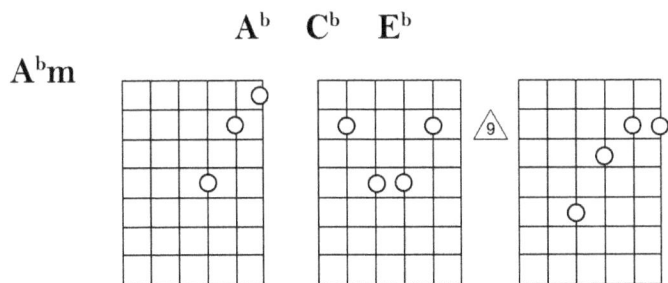

$A^b m^7$

A^b C^b E^b G^b

$A^b 7^M$

A^b C E^b G

$A^b sus^4$

A^b D^b E^b

A^{b6}

A^b C E^b F

A^bm^6

A^b C^b E^b F

$A^b7^{(9)}$

A^b C E^b G^b B^b

$A^bm^{7(9)}$

A^b	C^b	E^b	G^b	B^b

$A^b7^{M(9)}$

A^b	C	E^b	G	B^b

$A^{b6(9)}$

A^b	C	E^b	F	B^b

A^bm^{7M}

A^b C^b E^b G

A^b5+

A^b C $E^\natural$

A^bdis

A^b C^b $D^\natural$ G^{bb}

A

$$A \quad C^{\#} \quad E$$

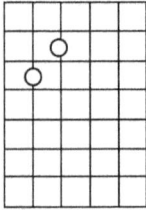 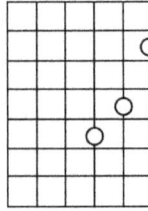 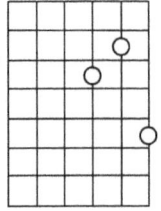

A⁷

$$A \quad C^{\#} \quad E \quad G^{\natural}$$

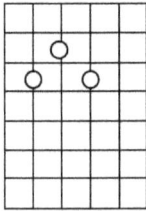 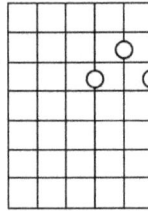 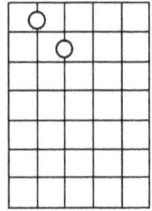

Am

$$A \quad C \quad E$$

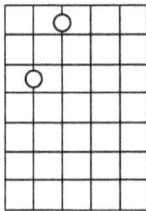 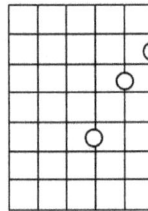 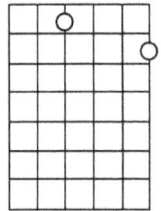

Am⁷   **A**   **C**   **E**   **G**

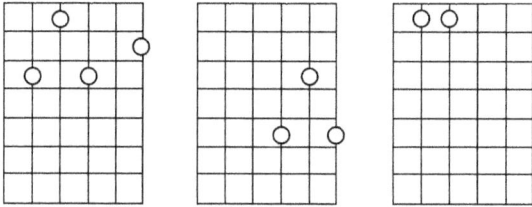

A⁷ᴹ   **A**   **C#**   **E**   **G#**

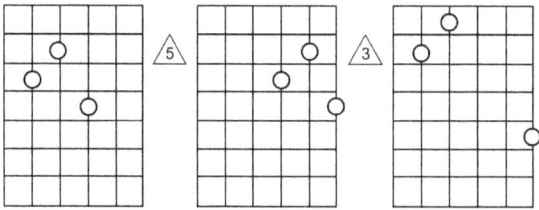

Asus⁴   **A**   **D**   **E**

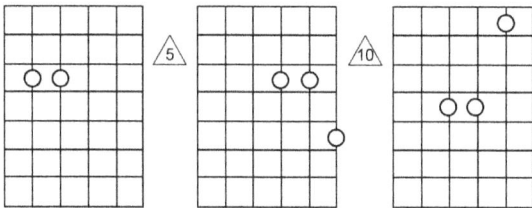

A^6 — A C# E F#

Am^6 — A C E F#

$A^{7(9)}$ — A C# E G♮ B

Am $^{7(9)}$

A   C   E   G   B

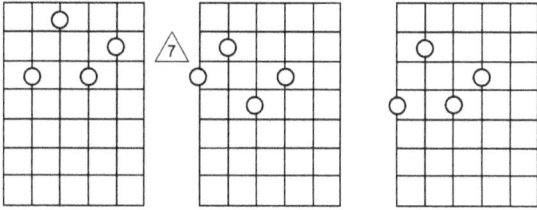

A $^{7M(9)}$

A   C $^{\#}$ E   G $^{\#}$ B

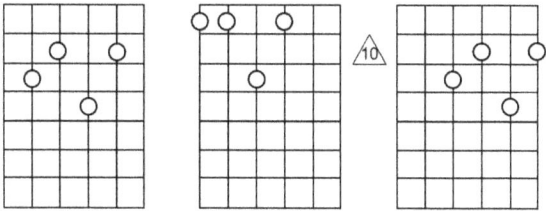

A $^{6(9)}$

A   C $^{\#}$ E   F $^{\#}$ B

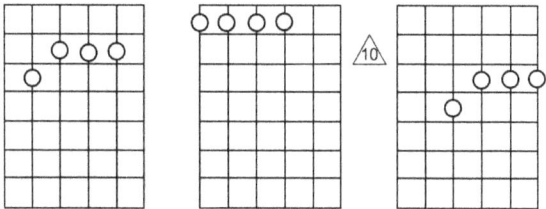

Am^{7M} A C E G[#]

A⁵⁺ A C[#] E[#]

A^{dism} A C E^b G^b

B^b

B^b D   F

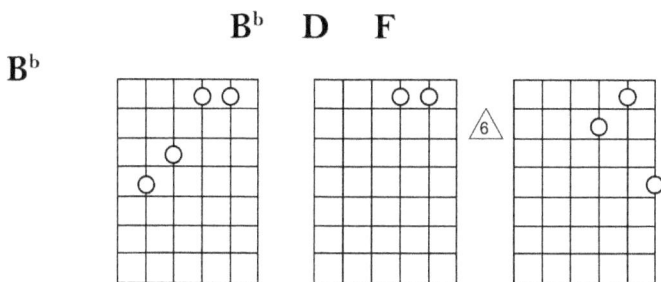

B^{b7}

B^b D   F A^b

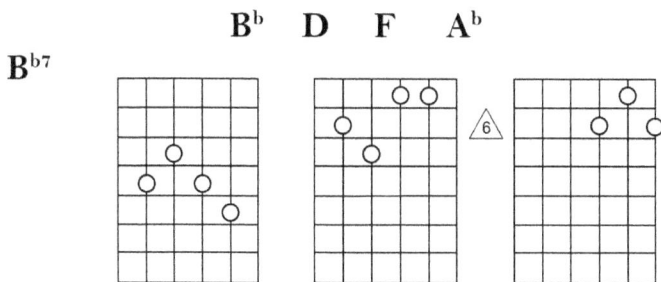

B^bm

B^b D^b F

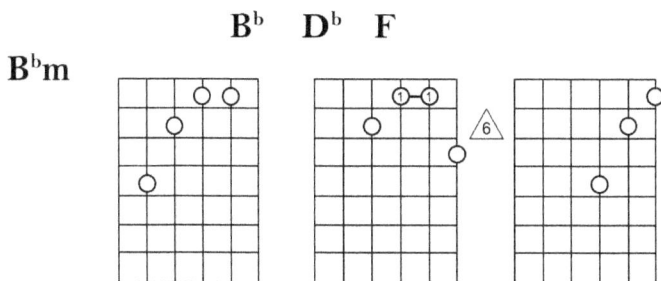

$B^b m^7$

B^b D^b F A^b

B^{b7M}

B^b D F A

$B^b sus^4$

B^b E^b F

$\mathbf{B}^{b6}$

$\mathbf{B}^\flat$ $\mathbf{D}$ $\mathbf{F}$ $\mathbf{G}$ $\mathbf{C}$

$\mathbf{Bm}^{b6}$

$\mathbf{B}^\flat$ $\mathbf{D}^\flat$ $\mathbf{F}$ $\mathbf{G}^\natural$

$\mathbf{B}^{b7(9)}$

$\mathbf{B}^\flat$ $\mathbf{D}$ $\mathbf{F}$ $\mathbf{A}^\flat$ $\mathbf{C}$

$Bm^{b7(9)}$ B^b D^b F A^b C

$B^{b7M(9)}$ B^b D   F   A   C

$B^{b6(9)}$ B^b D   F   G   C

Bm^{b7M}

B^b D^b F A

B^{b5+}

B^b D $F^\#$

$B^b dis$

B^b D^b F^b A^{bb}

B **D#** **F#**

B

B **D#** **F#** **A**

B⁷

B **D♮** **F#**

Bm

Bm⁷

$$\text{B} \qquad \text{D} \qquad \text{F}^{\#} \qquad \text{A}$$

B⁷ᴹ

$$\text{B} \qquad \text{D}^{\#} \qquad \text{F}^{\#} \qquad \text{A}^{\#}$$

Bsus⁴

$$\text{B} \qquad \text{E} \qquad \text{F}^{\#}$$

$\mathbf{B}^6$ **B   D$^\#$ F$^\#$ G$^\#$**

$\mathbf{Bm}^6$ **B   D   F$^\#$ G$^\#$**

$\mathbf{B}^{7(9)}$ **B   D$^\#$ F$^\#$ A   C$^\#$**

$\mathbf{Bm}^{7(9)}$

B D F# A C#

$\mathbf{B}^{7M(9)}$

$\mathbf{B}^{6(9)}$

B D# F# G# C#

Bm⁷ᴹ

B   D   F#   A#

B⁵⁺

B   D#   F##

Bᵈⁱˢ

B   D   F   A

96

Erdwin Vichot Blanco.1969. Instructor de Conjuntos Musicales de Aficionados y profesor de Laúd. Laudista acompañante y pedagogo. Ha sido considerado por el periódico *El Ideal*, de España, como: «El Jimmy Hendrix del laúd». Se graduó en la Escuela Nacional de Instructores de Arte y en el Centro Nacional de Superación Artística.
Entre los premios obtenido:

- Premio a la mejor interpretación de música campesina con el grupo de la ENIA. 1987.
- Por virtuosismo en el Laúd en el III Festival de Música campesina de la Escuela de Arte en la ENA. 1993.
- Por profesionalismo y dirección del grupo en el III Festival Nacional de Música de las Escuelas de Arte.1993.
- Encuentro Provincial donde obtuvo el Primer Premio en música tradicional.
- Mejor interpretación de Música Campesina 1989, 1990.
- Jornada Cucalambeana. 1993.
- Por el Festival de la ANCI. 1989.

- Dos Premios en el Festival Pioneril del 5 al 9 de julio y tres menciones. 1989.
- Cinco Premios municipales, Bauta.
- Primer Premio en el Festival o Encuentro Provincial de Música Cubana Tradicional. 1990.
- Premio Mariposa, octubre 22, 2004.

Numerosas publicaciones nacionales y extranjeras han destacado su labor como músico y pedagogo: Revista *Bohemia,* revista puertorriqueña *La canción popular,* revista uruguaya *La voz del payador,* Simposio Internacional sobre la décima campesina celebrado en Islas Canarias (1994), revistaeEconómica *PresServicie,* revista *Ariel,* revista cultural *La Diana,* revista QUEHACER, «El fuego de la memoria».Primer taller de la Escuela Internacional de Teatro de América Latina y el Caribe, «La décima, su historia, su geografía, sus manifestaciones» y Universidad del laúd y el Tres Cubano, Efraín Amador.

OTROS TÍTULOS

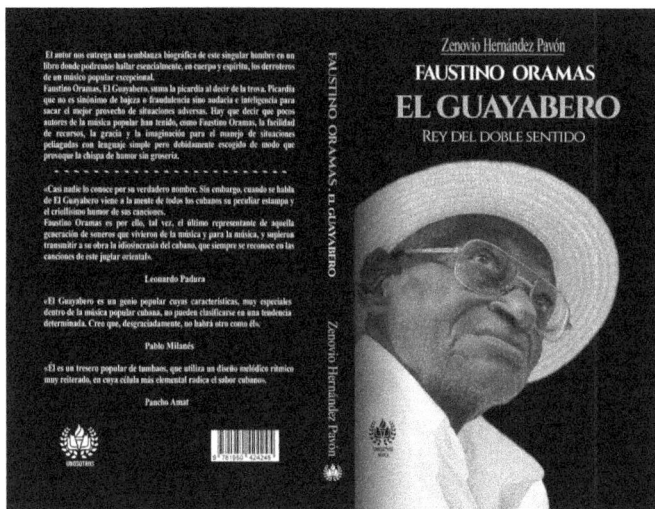

Zenovio Hernández Pavón

FAUSTINO ORAMAS
EL GUAYABERO
REY DEL DOBLE SENTIDO

FAUSTINO ORAMAS · EL GUAYABERO

Zenovio Hernández Pavón

El autor nos entrega una semblanza biográfica de este singular hombre en un libro donde podremos hallar esencialmente, en cuerpo y espíritu, los derroteros de un músico popular excepcional.

Faustino Oramas, El Guayabero, suma la picardía al decir de la trova. Picardía que no es sinónimo de bagazo o fraudulencia sino audacia e inteligencia para sacar el mejor provecho de situaciones adversas. Hay que decir que pocos autores de la música popular han tenido, como Faustino Oramas, la facilidad de recursos, la gracia y la imaginación para el manejo de situaciones peliagudas con lenguaje simple pero debidamente escogido de modo que provoque la chispa de humor sin grosería.

«Casi nadie lo conoce por su verdadero nombre. Sin embargo, cuando se habla de El Guayabero viene a la mente de todos los cubanos su peculiar estampa y el criollísimo humor de sus canciones.

Faustino Oramas es por ello, tal vez, el último representante de aquella generación de soneros que vivieron de la música y para la música, y supieron transmitir a su obra la idiosincrasia del cubano, que siempre se reconoce en las canciones de este juglar oriental».

Leonardo Padura

«El Guayabero es un genio popular cuyas características, muy especiales dentro de la música popular cubana, no pueden clasificarse en una tendencia determinada. Creo que, desgraciadamente, no habrá otro como él».

Pablo Milanés

«Él es un tresero popular de tumbaos, que utiliza un diseño melódico rítmico muy reiterado, en cuya célula más elemental radica el sabor cubano».

Pancho Amat

Andrés Echevarría Callava, Niño Rivera

El Niño con su tres

Rosa Marquetti Torres

Andrés Echevarría Callava, Niño Rivera
El Niño con su tres
Rosa Marquetti Torres

El Niño Rivera, uno de los treseros más importantes de la historia de la música cubana, fue un innovador, vanguardista, uno de los compositores y arreglista más importante de su tiempo. Su obra «El Jamaiquino» se convirtió en un estándar de la música cubana.

CHUCHO VALDÉS

Esta es la historia de uno de esos pioneros que hoy se describen como progenitores de la música cubana, y de su extraordinaria y productiva vida. El libro recoge momentos importantes de la vida del Niño, en su trabajo y su colaboración con numerosos conjuntos y solistas como tresero, arreglista, transcriptor y director. La autora presenta con sustentados detalles la contribución del músico al género mundial más conocido de la música cubana —el son—, con un análisis enfático de otro género surgido en Cuba: el *feeling*.

NELSON GONZÁLEZ

La creación de este documento histórico, que contribuirá a poner el nombre de Andrés Echevarría Callava, el Niño Rivera, en el lugar que merece dentro de la lista de los imprescindibles de nuestro mundo musical.

PANCHO AMAT

ÑICO SAQUITO
EL GUARACHERO DE CUBA

ÑICO SAQUITO. EL GUARACHERO DE CUBA

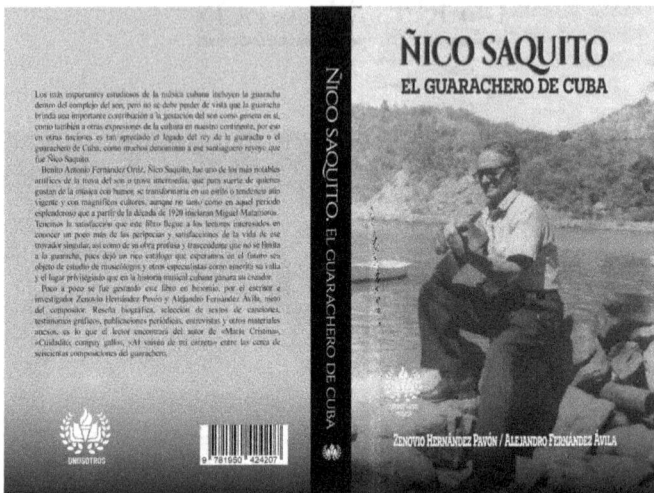

Los más esperanzados estudiosos de la música cubana incluyen la guaracha dentro del complejo del son, pero no se debe perder de vista que la guaracha brinda una importante contribución a la gestación del son como género en sí, como también a otras expresiones de la cultura en nuestro continente, por eso en otras naciones es tan apreciado y logrado del rey de la guaracha o el guarachero de Cuba, como muchos denominan a ese santiaguero tuyoj, que fue Ñico Saquito.

Benito Antonio Fernández Ortiz, Ñico Saquito, fue uno de los más notables artífices de la trova del son a través intertonilla, que para suerte de quienes gustan de la música con humor, se transformaría en un estilo o tendencia aún vigente y con magníficos cultores, aunque no tan/ como en aquel período esplendoroso que a partir de la década de 1920 iniciaran Miguel Matamoros. Tenemos la satisfacción que este libro llegue a los lectores interesados en conocer un poco más de las peripecias y satisfacciones de la vida de ese trovador singular, así como de su obra profusa y trascendente que no se limita a la guaracha, pues dejó un rico catálogo que, esperamos en el futuro sea objeto de estudio de musicólogos y otros especialistas como merece su villa y el lugar privilegiado que en la historia musical cubana ganara su creador.

Poco a poco se fue gestando este libro en bosenio, por el escritor a investigador Zenovio Hernández Pavón y Alejandro Fernández Ávila, mérito del compositor. Reseña biográfica, selección de textos de canciones, testimonio gráfico, publicaciones periódicas, entrevistas y otros materiales nexos, es lo que el lector encontrará del autor de «María Cristina», «Cuidadito, compay gallo», «Al vaivén de mi carreta» entre las cerca de setecientas composiciones del guarachero.

ZENOVIO HERNÁNDEZ PAVÓN / ALEJANDRO FERNÁNDEZ ÁVILA

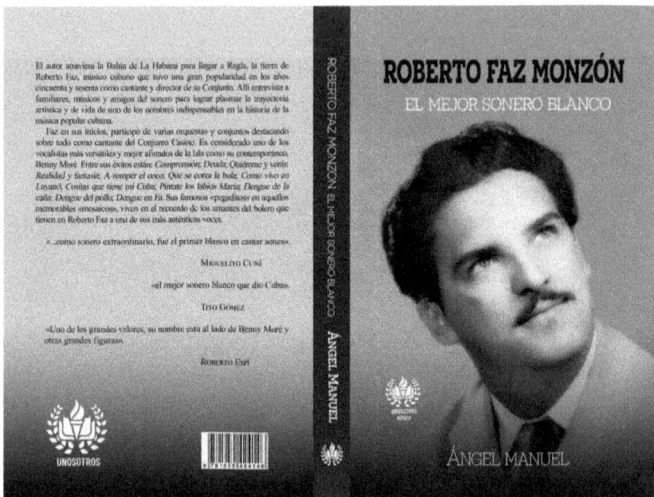

UNOSOTROS

ROBERTO FAZ MONZÓN
EL MEJOR SONERO BLANCO

ROBERTO FAZ MONZÓN. EL MEJOR SONERO BLANCO

ÁNGEL MANUEL

El autor atraviesa la Bahía de La Habana para llegar a Regla, la tierra de Roberto Faz, músico cubano que tuvo una gran popularidad en los años cincuenta y sesenta como cantante y director de su Conjunto. Allí entrevista a familiares, músicos y amigos del sonero para lograr plasmar la trayectoria artística y de vida de uno de los nombres indispensables en la historia de la música popular cubana.

Faz en sus inicios, participó de varias orquestas y conjuntos destacando sobre todo como cantante del Conjunto Casino. Es considerado uno de los vocalistas más versátiles y mejor afinados de la isla como su contemporáneo, Benny Moré. Entre sus éxitos están: Compresión, Desafa, Quiéreme y vente, Realidad y fantasía, A romper el coco, Que se corta la bola, Como vivo sin Lisandi, Cositas que tiene mi Cuba, Pinato los bibios María, Dengue de la calle, Dengue del pollo, Dengue en Fa. Sus famosos epígrafdinos en aquellos memorables emociciosos, viven en el recuerdo de los amantes del bolero que tienen en Roberto Faz a una de sus más auténticas voces.

«...como sonero extraordinario, fue el primer blanco en cantar sones».

MIGUELITO CUNÍ

«el mejor sonero blanco que dio Cuba».

TITO GÓMEZ

«Uno de los grandes valores, su nombre está al lado de Benny Moré y otras grandes figuras».

ROBERTO FAZ

UNOSOTROS

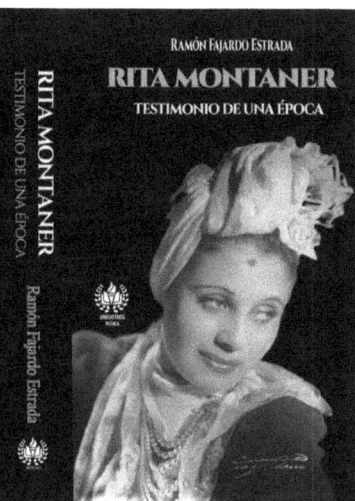

Kabiosiles
Los músicos de Cuba

Aquí están reunidos sesenta y seis retratos de nuestros dioses terrenales: los músicos de Cuba. Esos que andan en nuestra memoria, en nuestra piel y en la niebla de nuestra identidad. Son los rostros que conforman nuestro ADN sonoro. Estos «Kabiosiles», son saludos desde lo más profundo del corazón.

Vicentico, Benny Moré, Rita, La Lupe, Bola de Nieve, Celia Cruz, Machín, Arsenio Rodríguez, son algunos nombres en ese mapa de lo que somos. Porque, como escribió el poeta Ramón Fernández-Larrea, el autor de este libro: «Bajo la noche catalana, en las calles de melancolía de París, en viejos pueblos volcánicos de Canarios tengo una luz. De esa luz baja una lluvia como ya nos esplendide como la vida, con guitos de mujer y olores que me mecen, y el alma se divierte y se expande, y es la única razón que me nos une y nos abraza a todos por igual. A tristes y serenos, a puetas y amargados, a viudos y cumbancheros, a cercanos y lejanos. Los que siempre nos encontraremos en el único mar de nuestros sueños reales».

KABIOSILES · Los músicos de Cuba · Ramón Fernández-Larrea

KABIOSILES
LOS MÚSICOS DE CUBA

Ramón Fernández-Larrea

Es un libro mayor que va a sentar una pauta, un modelo a seguir, porque es un libro de etno-historia, un estudio de caso que se inserta dentro de la etno-historia musicológica.

MIGUEL BARNET

El más completo trabajo publicado sobre Chano Pozo hasta la fecha.

CRISTÓBAL DÍAZ AYALA

Libro singular si los hay, donde la autora da muestras de conocimiento, paciencia y pasión que la llevaron a hurgar en las más disímiles fuentes documentales: biografías, autobiografías, prensa, entrevistas a músicos o amigos que lo conocieron y su discografía –hasta hora no explorada–, le han permitido situar las actuaciones de Chano en Cuba, Estados Unidos y Europa, hecho este último que no había sido estudiado hasta ahora.

RADAMÉS GIRO

Este es un libro de esos que cuando uno llega al final y cierra la tapa, tiene que reflexionar un instante para esbozar una sonrisa de satisfacción, esa sonrisa que brota cuando uno se dice: acabo de leer una obra excelente.

TONY PINELLI

Esta obra debía ser lectura obligada para todos aquellos que de alguna forma se inclinan hacia ese género musical que hoy llamamos Jazz Latino o Latin Jazz.

PAQUITO D'RIVERA

Siempre tuve temor a que perdiéramos la memoria histórica de nuestra cultura musical, tan importante para todos y que las nuevas generaciones desconocieran a las figuras que hicieron posible el desarrollo de nuestro presente musical, de ahí la importancia de obras como esta.

Chucho Valdés

UNOS & OTROS EDICIONES

CHANO POZO. LA VIDA · ROSA MARQUETTI TORRES

ROSA MARQUETTI TORRES

CHANO POZO
LA VIDA (1915 - 1948)

EN EL BALCÓN AQUEL

LEOPOLDO ULLOA, EL BOLERO MÁS LARGO: SU VIDA

DULCE SOTOLONGO

LUIS MARQUETTI

GIGANTE DEL BOLERO

EL HOMBRE SIN ROSTRO

LUIS CÉSAR NÚÑEZ GONZÁLEZ

www.unosotrosediciones.com

infoeditorialunosotros@gmail.com

UnosOtrosEdiciones

Siguenos en Facebook, Twitter e Instagram:

www.unosotrosediciones.com

www.ingramcontent.com/pod-product-compliance
Lightning Source LLC
Chambersburg PA
CBHW060121050426
42448CB00010B/1974